WORPSWEDE
UND DAS TEUFELSMOOR

Fotografiert von Hermann Dornhege und Michael Rabanus

Ellert & Richter Verlag

Inhalt

Bernd Küster, Poesie einer Landschaft

Folgt man den Zeugnissen der Dichter und Maler, die sich in dieser Region zusammenfanden, so glaubt man immer wieder einer Seelenlandschaft gegenüberzustehen, die zwischen Wirklichkeit und Wunschbild unentschlossen daliegt. Noch heute weiß der voreingenommene Betracher nicht, was er mehr in dieser Weite suchen soll: Reste einer Urlandschaft, die noch aus Kindertagen der Natur zu stammen scheint; oder den Traum dieser Landschaft, wie er in unzähligen Werken der Dichter und Maler Ausdruck gefunden hat.
Zwei Bilder sind es, die sich hier begegnen: das eine beschreibt die in weiten Teilen noch nicht heillose Landschaft; das andere ist geprägt durch eine Landschaftsmalerei, die hier vor nicht ganz einem Jahrhundert Kunstgeschichte gemacht hat. Zwischen beiden steht heute die künstlerische Fotografie; sie dokumentiert diese Landschaft in Zusammenklang mit der Poesie der Bilder oder Worte, die aus ihr hervorgegangen sind. Die Fotografie hat hier die Rolle gefunden, welche ehemals die Malerei für sich in Anspruch nahm: Poesie und Wirklichkeit einer Landschaft zusammenzusehen.
Unabhängig aber von der Vorstellungswelt des Künstlers hat die Landschaft um Worpswede den Reiz ihrer Ursprünglichkeit bewahren können. Das Teufelsmoor in seiner unwegsamen, dunklen und geheimnisvollen Gestalt gleicht einem Schaustück aus dem Museum der Natur. Die Unwirtlichkeit dieses Ortes hat nicht nur Legenden entstehen lassen, worin sich die uralte Furcht des Menschen vor den Mooren widerspiegelt. Sie hat diese Natur auch über lange Zeiträume vor dem Zugriff menschlicher Verwertung bewahren können.
Jahrtausendelang blieb das Moor eine unbegehbare Welt voll dunkler Erhabenheit, lebensfeindlich und gemieden wie Aussatz. Die ersten Anzeichen für den Eingriff des Menschen gehen auf die Jahrtausendwende, vielleicht noch weiter zurück. Das von Geheimnissen umwobene Moor wurde, da es dem Leben keinen Zugang bot, zum Ort der toten Seelen, zur Opferstätte für das kultische Ritual.
Die Eiszeit hat inmitten der monotonen Weite im Norden Bremens einen Sandhügel zurückgelassen, der, als das Land regelmäßig von Überschwemmungen gezeichnet wurde, sich als einsame Düne aus der sumpfigen Wildnis erhob. Dieser „umwehte Berg“, der Weyerberg, steht auch in der Mitte der Siedlungsgeschichte des Teufelsmoores. Eine Handvoll kleiner Hütten wird es wohl im Mittelalter bereits auf dem schmalen Rücken dieses Heidehügels gegeben haben. Und jede weitere Besiedlung Worpswedes vollzog sich in unmittelbarer Nähe zu dieser kaum fünfzig Meter hohen Erhebung. Menschliches Dasein, das sich seit dem Mittelalter hier nur langsam und unter Entbehrung und Mühsal entfaltete, stand ganz unter den Gesetzen, welche die Natur dieser Landschaft vorschrieb. Torfgräber legten erste Hand an die Wildnis, stachen im Frühjahr den schweren Boden und brachten ihn getrocknet als Brenntorf in die auf Wasserwegen erreichbaren Städte. Die schwarzen Segel ihrer Boote setzten bis in die Mitte dieses Jahrhunderts unübersehbare Akzente in die weite Landschaft der Hammeniederung.
Die endgültige Kultivierung des Teufelsmoores hatte sich im achtzehnten Jahrhundert vollzogen. Mit imperialer Geste wurde das sumpfige Land mit Kanälen durchzogen, entwässert und besiedelt. Bauernhütten mit tiefgezogenen Strohdächern besetzten die begradigten Flure, deren schwarzer Boden ein karges Leben sichern konnte.

Aus der unbehausten Natur hatte sich eine Landschaft gebildet, auf dieser wiederum wuchs die Kulturlandschaft. Zurück blieben nur Fragmente der ehemaligen Moorwildnis, die bis heute als letzte Biotope im norddeutschen Landschaftsraum überleben konnten. In ihnen bewahrt diese Landschaft noch geheimnisvolle Schwermut, eine fast mythische Verschlossenheit und die Erinnerung an ein vergangenes Naturzeitalter.
Noch vor einem Jahrhundert bot sich dem, der zufällig in die Landschaft um den Weyerberg vordrang, ein bereits unzeitgemäßes Bild. Wenige birkenbestandene Sandwege führten durch das weltabgeschiedene Moor, worin sich das menschliche Leben nur mühsam an den Umgang mit dieser Natur gewöhnt hatte.
Fern vom Anbruch des Industriezeitalters umgab sich Worpswede mit dem Nimbus des Unverdorbenen, Unberührten. Hier gab es noch einen Zusammenklang von Mensch und Natur, der bald bereits in die Geschichte der Kunst einziehen und dort lange nachwirken sollte.
Das neunzehnte Jahrhundert hatte in der Kunst noch ein idealeres Leben zu entwerfen versucht, bevor es aus seiner Scheinwelt ernüchtert entlassen wurde. Realismus und Naturalismus bezeichnen gleichermaßen die Absage der Kunst an die Suche nach dem verlorenen Paradies; auch die Gründung sogenannter Künstlerkolonien dokumentiert die Distanz zur Konvention einer wirklichkeitsfremden Kunst. Und doch zehrten die alten Ideale weiter an den künstlerischen Vorstellungen, löschten die Flamme nicht aus, die den Traum von einer Neubelebung der Einheit aus Leben und Kunst wachhielt. Und als der erste Maler nach Worpswede kam, da erschien ihm im Bilde dieser unverbrauchten Landschaft jener Traum wie eine Offenbarung verwirklicht. Das Moor wurde zu einer Seelenheimat für die Kunst des ausgehenden neunzehnten Jahrhunderts. In dieser Landschaft und ihren Schauspielen der Natur konnte sich die spätromantische Seele der suchenden jungen Künstler wie in einem dunklen, geheimnisvollen Spiegel wiedererkennen. Ihr sehnsuchtsvoller Blick in die Unermeßlichkeit konnte hier vor dem weiten, offenen Horizont Erfüllung finden. Und aus dieser Verbindung von Seele und Landschaft konnte um die Jahrhundertwende von Worpswede noch einmal ein romantischer Impuls in die deutsche Malerei hineinwirken.
Wie einem Märchen entstiegen oder aus ihm erwacht bot sich dem Maler die Landschaft Worpswedes als Kulisse für längst vergangen geglaubte Ideale – und hatte sich schnell zu einer vom Publikum begehrten Kunstlandschaft geläutert. Wie Archetypen aus einer Traumwelt wurden Sumpf, Birken und Moorbauern zu Symbolen für einen uralten Einklang des Lebens. Im Zeichen dieser Verklärung entstand in Worpswede eine der bedeutendsten Künstlerkolonien, die die Geschichte der deutschen Kunst verzeichnen kann.
Einer Zufallsbekanntschaft ist es zu verdanken, daß 1884 der Kunststudent Fritz Mackensen an diesen Ort kam. Gegenüber einer in dunklen Akademiesälen gelehrten Landschaftsmalerei, die dem Zeitgeschmack folgend Natur mit dem leblosen Schein des Idealen umgab, mußte die Natur dem Maler hier als eine farbige Offenbarung erscheinen. Licht und Luft präsentierten die Welt in einer atmosphärischen Ganzheit, worin alles mit allem in ungetrübter Beziehung stand. Vermutlich hätte Mackensen an anderem Ort nicht anders empfunden, doch der Zufall hatte die Wahl getroffen. Der junge Maler verbrachte die Sommer der folgenden Jahre in Worpswede, bald gefolgt von seinen

„Worpswede, das ist heute wie früher ein wundervoll unmittelbares Stück Natur, mit dem man jederzeit allein sein kann, ihre Offenbarung empfangend.“ (Sophie Dorothee Gallwitz) Um die Weite zu ermessen, in die Worpswede eingebettet liegt, genügt der Blick vom Weyerberg. Von dieser hohen Sanddüne findet das Auge in die Tiefe der Landschaft des Moores.

Studienkollegen Otto Modersohn und Hans am Ende. Der Grundstein für eine Malerkolonie war gelegt, und bereits im Spätsommer des Jahres 1889 entschlossen sich diese drei Maler, der Kunstakademie endgültig den Rücken zu kehren und in Worpswede die Natur als neue und einzige Lehrmeisterin anzunehmen. Folgt man den Spuren ihrer Kunst, so wird man Mühe haben, darin nur das wirkliche Gesicht der Landschaft Worpswedes zu erkennen. Bereits die ersten Bilder, die in der noch jungen Kolonie gemalt wurden, dokumentieren nicht nur die wahre Gestalt der großen Lehrmeisterin Natur, sondern auch eine zur Kunst- bzw. Scheinwelt verklärte Moorlandschaft. Worpswede und das Teufelsmoor wurden auch zur Idealheimat für die künstlerischen Sehnsüchte einer ganzen Generation von Malern.

Da ist zunächst Fritz Mackensen, der sich mit seinen Figurenbildern dem arbeitenden Menschen des Moores naheglaubt. Doch die soziale Dimension des Leidens hat Mackensen niemals wirklich verstanden. Seine großformatigen Kompositionen erheben den Moorbauern zur symbolischen Gestalt für heldenhaften Kampf um das Dasein. Aus dem Pathos dieser Vorstellung konnte erst Paula Becker, die als Schülerin Mackensens 1897 nach Worpswede kam, den Menschen wieder freisetzen, ihn aus der Perspektive des Leidens wahrnehmen und zugleich in seiner elementaren Naturverbundenheit belassen. Sie fand eine künstlerische Tiefe in der Einfachheit und konnte darin den Horizont der herkömmlichen Worpsweder Landschaftsmalerei weit überschreiten. Bis zu ihrem frühen Tod 1907 blieb sie eine künstlerische Außenseiterin in Worpswede.

Die Worpsweder Landschaftsmalerei war bereits wenige Jahre nach Gründung der Kolonie soweit gefestigt, daß sie als künstlerisch etabliert gelten konnte. Die Eroberung der Seelenlandschaft Worpswede durch das auf Naturnähe begierige Kunstpublikum hatte sich ebenso schnell vollzogen wie die malerische Eroberung dieser Motivlandschaft. Umso bemerkenswerter ist, daß aus dieser einzigartigen Gemeinschaft einer Vielzahl künstlerischer Persönlichkeiten und aus ihrer gemeinsamen Suche nach einer neuen und elementaren Landschaftskunst keine Schule im akademischen oder nur herkömmlichen Sinn erwachsen konnte.

Vielmehr bildete sich hier durch die Landschaft selbst eine Kunstform heraus, die in der frühen Worpsweder Malerei bereits freigelegt wurde und sich in ihrem Verlauf in eine Art Stilbegriff verwandelte.

Zu den Malern, die die typische „Worpswede-Malerei" am nachhaltigsten geprägt haben, gehört Otto Modersohn. Seine Bildwelt ist das dunkelfarbige Moor im Zustand einer nahezu lyrischen Versunkenheit. Der dumpfe Klang seiner Farben gleicht sich vollkommen der Moorlandschaft an, sucht darin immer wieder den Ausdruck tiefer Schwermut, die an den Erscheinungen vor allem ihre Vergänglichkeit wahrnimmt.

In Farbigkeit und malerischer Form klarer und bestimmter erscheinen die Bilder Hans am Endes, der das Moor zu einer nahezu klassisch anmutenden Monumentalität steigerte. In ihrer theatralischen Inszenierung wirken seine Landschaften wie Bühnenbilder für ein tieferes und übernatürliches Geschehen.

Fritz Overbeck, der seit 1892 der Künstlerkolonie angehörte, stimmt in ähnlicher Weise in die Schilderung einer Überwirklichkeit mit ein, wenn er den Himmel über Worpswede zur Ideallandschaft ausweitet, ihn als von vielfarbigem Licht erfüllten Raum wahrnimmt, dem die Erde als ein

schattiges Dunkel gegenüberliegt.
Über die Gemeinsamkeit ihrer Themen und Sujets hinaus, die ganz in die Landschaft Worpswedes gehören, verbindet diese Maler der noch romantische Reiz des Vorscheins einer höheren Wirklichkeit in der natürlichen. Die Natur wird nicht nur um ihrer selbst willen abgebildet, sondern zugleich im Hinweis auf ein Höheres, das sich in der gegebenen Natur wie durch Geheimschrift sichtbar macht. Indem die Worpsweder ihren Bildern solch unzeitgemäß erscheinende metaphysische Geste mitgaben, gelang es ihnen, dem allgemeinen und wachsenden Bedürfnis nach Zivilisationsferne und symbolischem Naturerleben mit Bildern zu begegnen, in denen der Traum eines verlorenen und goldenen Zeitalters noch einmal zu seinem ausgedienten Recht kam.
Vor allem der seit 1894 in Worpswede ansässige Heinrich Vogeler entwickelt in seiner Jugendstilkunst ein umfangreiches Repertoire von Idealbildern, in denen sich das Empfinden einer ganzen Epoche wiederfinden konnte. Er interpretiert das Moor nicht mehr nur als Stimmungslandschaft, sondern greift zu einer sensibel kunstvollen, nahezu überästhetischen Verschmelzung von Traumfiguren und wirklicher Natur. Seine Bilder führen das Paradies nicht als ein jenseits von Wirklichkeit befindliches vor, sie beziehen beides ineinander ein, entwickeln aus dieser Verschmelzung eine höhere Einheit, den Beginn einer neuen Lebenskultur, die das Zeitlose suchte und doch nur bis zum Modischen kam.
Als sich zu Beginn des Jahrhunderts die inzwischen hochberühmte Worpsweder Malerkolonie in ein derartiges künstlerisches und persönliches Spannungsfeld versetzt hatte, daß aus dem ursprünglichen Miteinander allmählich ein Gegeneinander geworden war, schien ihr Auseinanderfall unvermeidlich. Die kurze und große Epoche der Worpsweder Landschaftsmalerei ging behutsam ihrem Ende entgegen. Aber der Ort selbst hatte an Attraktivität keine Einbuße erlitten. Immer neu anreisende Künstler setzten die künstlerische Tradition Worpswedes bis in die Gegenwart fort.
In Nachfolge der Maler traten zahlreiche Dichter in Beziehung zu Worpswede. Ihre Reihe beginnt mit Rainer Maria Rilke, Carl Hauptmann, Rudolf Alexander Schröder, Alfred W. Heymel und Heinrich Mann. Und neben den bisher genannten Künstlern wurden für Worpswede u.a. bedeutsam Carl Vinnen, Bernhard Hoetger, Georg Tappert, Richard Oelze und Fritz Meckseper. Neben ihnen existiert eine lange Kette von Malern, die an die Tradition der alten Landschaftsmaler anzuknüpfen suchen und aus der Museumslandschaft des Teufelsmoores immer noch ihre Motive beziehen.
Aus der Landschaftskunst aber ist wesentlich eine Kunst in der Landschaft geworden. Die Moorlandschaft ist keine Gefühlswelt mehr, aber sie bleibt wirksam als der äußere Rahmen für die Kreativität, die in dieser Region einen festen Platz eingenommen hat. Die im Verlauf eines Jahrhunderts aus der Verschmelzung von Landschaft und Kunst gewachsene Identität Worpswedes ist in weiten Teilen erhalten geblieben. Ihr Reiz ist noch nicht erloschen, weder für den Künstler noch für den Erholungssuchenden. Und auch das lyrische Empfinden der Moorlandschaft, wie es die alten Worpsweder Bilder vorführen, ist – die zeitgenössischen Fotografien können es belegen – noch nicht ganz aus dem Blickfeld verschwunden. In ihrer Mitte liegt noch immer die Landschaft des Teufelsmoores, diese uralte lebendige Weite, die selbst dem Nüchternen sich nur erschließt mit dem feierlichen Glanz eines Geheimnisses.

Abend im Moor. Unter hohem Himmel versinkt hinter glutroten Schleiern die Sonne. Großartiger noch als anderswo gestaltet sich hier das Schauspiel von Abendröten, „deren Schein, vielfach gefiltert, durch die Dunstschicht sinkt und den Raum zwischen Wolken und Erde zauberisch erglimmen läßt.“ (Manfred Hausmann)

Rainer Maria Rilke,
Und überall ist das Meer

Es ist ein seltsames Land. Wenn man auf dem kleinen Sandberg von Worpswede steht, kann man es ringsum ausgebreitet sehen, ähnlich jenen Bauerntüchern, die auf dunklem Grund Ecken tiefleuchtender Blumen zeigen. Flach liegt es da, fast ohne Falte, und die Wege und Wasserläufe führen weit in den Horizont hinein. Dort beginnt ein Himmel von unbeschreiblicher Veränderlichkeit und Größe. Er spiegelt sich in jedem Blatt. Alle Dinge scheinen sich mit ihm zu beschäftigen; er ist überall. Und überall ist das Meer. Das Meer, das nicht mehr ist, das einmal vor Jahrtausenden hier stieg und fiel und dessen Düne der Sandberg war, auf dem Worpswede liegt. Die Dinge können es nicht vergessen. Das große Rauschen, das die alten Föhren des Berges erfüllt, scheint sein Rauschen zu sein, und der Wind, der breite, mächtige Wind, bringt seinen Duft. Das Meer ist die Historie dieses Landes. Es hat kaum eine andere Vergangenheit.

Einst als das Meer zurücktrat, da begann es sich zu formen. Pflanzen, die wir nicht kennen, erhoben sich, und es war ein rasches und hastiges Wachsen in dem fetten, faltigen Schlamm. Aber das Meer, als ob es sich nicht trennen könnte, kam immer wieder mit seinen äußersten Wassern in die verlassenen Gebiete und endlich blieben schwarze, schwankende Sümpfe zurück, voll von feuchtem Getier und langsam vermodernder Fruchtbarkeit. So lagen die Flächen allein, ganz mit sich beschäftigt, jahrhundertelang. Das Moor bildete sich. Und endlich begann es sich an einzelnen Stellen zu schließen, leise wie eine Wunde sich schließt. Um diese Zeit, man nimmt das dreizehnte Jahrhundert an, wurden in der Weserniederung Klöster gegründet, welche holländische Kolonisten in diese Gegenden, in ein schweres, ungewisses Leben, schickten. Später folgen (selten genug) neue Ansiedelungsversuche, im sechzehnten Jahrhundert, im siebzehnten, aber erst im achtzehnten nach einem bestimmten Plan, durch dessen energische Durchführung die Ländereien an der Weser, an der Hamme, Wümme und Wörpe dauernd bewohnbar werden. Heute sind sie ziemlich bevölkert; die frühen Kolonisten, soweit sie sich halten konnten, sind reich geworden durch den Verkauf des Torfs, die späteren führen ein Leben aus Arbeit und Armut, nah an der Erde, wie im Bann einer größeren Schwerkraft stehend. Etwas von der Traurigkeit und Heimatlosigkeit ihrer Väter liegt über ihnen, der Väter, die, als sie auswanderten, ein Leben verließen, um in dem schwarzen, schwankenden Land ein neues zu beginnen, von dem sie nicht wußten, wie es enden sollte. Es gibt keine Familienähnlichkeit unter diesen Leuten; das Lächeln der Mütter geht nicht auf die Söhne über, weil die Mütter nie gelächelt haben. Alle haben nur ein Gesicht: das harte, gespannte Gesicht der Arbeit, dessen Haut sich bei allen Anstrengungen ausgedehnt hat, so daß sie im Alter dem Gesicht zu groß geworden ist, wie ein lange getragener Handschuh. Man sieht Arme, die das Heben schwerer Dinge übermäßig verlängert hat und Rücken von Frauen und Greisen, die krumm geworden sind wie Bäume, die immer in demselben Sturm gestanden haben. Das Herz liegt gedrückt in diesen Körpern und kann sich nicht entfalten. Der Verstand ist freier und hat eine gewisse, einseitige Entwicklung durchgemacht. Keine Vertiefung, aber eine Zuspitzung ins Findige, Stichlige, Witzige. Die Sprache unterstützt ihn dabei. Dieses Platt mit seinen kurzen, straffen, farbigen Worten, die wie mit verkümmerten

Flügeln und Watbeinen gleich Sumpfvögeln schwerfällig einhergehen, hat ein natürliches Wachstum hinter sich. Es ist schlagfertig und geht gerne in ein lautes klapperndes Gelächter über, es lernt von den Situationen, es ahmt Geräusche nach, aber es bereichert sich nicht von innen heraus: es setzt an. Man hört es oft weithin in den Mittagspausen, wenn die schwere Arbeit des Torfstichs, die zum Schweigen zwingt, unterbrochen ist. Man hört es selten am Abend, wo die Müdigkeit zeitig hereinbricht und der Schlaf fast zugleich mit der Dämmerung in die Häuser tritt.

Diese Häuser liegen an den langen, geraden „Dämmen" weit zerstreut; sie sind rot mit grünem oder blauem Fachwerk, überhäuft von dicken, schweren Strohdächern und gleichsam in die Erde hineingedrückt von ihrer massigen, pelzartigen Last. Manche kann man von den Dämmen aus kaum sehen; sie haben sich die Bäume vors Gesicht gezogen, um sich zu schützen vor den immerwährenden Winden. Ihre Fenster blitzen durch das dichte Laub wie eifersüchtige Augen, die aus einer dunklen Maske schauen. Ruhig liegen sie da, und der Rauch der Feuerstelle, der sie ganz erfüllt, quillt aus der schwarzen Tiefe der Türe und drängt sich aus den Ritzen des Daches. An kühlen Tagen bleibt er um das Haus herum stehen, seine Formen noch einmal größer und gespenstisch-grau wiederholend. Im Innern ist fast alles ein Raum, ein weiter, länglicher Raum, in dem sich der Geruch und die Wärme des Viehs mit dem scharfen Qualm des offenen Feuers zu einer wunderlichen Dämmerung mischen, in der es wohl möglich wäre, sich zu verirren. Im Hintergrunde erweitert sich diese „Diele", rechts und links erscheinen Fenster und geradeaus liegen die Stuben. Sie enthalten nicht viel Gerät. Einen geräumigen Tisch, viele Stühle, einen Eckschrank mit etwas Glas und Geschirr und die abgeschlossenen, großen, mit Schiebetüren versehenen Bettverschläge. In diesen Schlafschränken werden die Kinder geboren, vergehen die Sterbestunden und Hochzeitsnächte. Dorthin, in dieses letzte, enge, fensterlose Dunkel hat sich das Leben zurückgezogen, das überall sonst im ganzen Hause von der Arbeit verdrängt wurde.

Seltsam, unvermittelt fallen in dieses Dasein die Feste hinein, die Hochzeiten, die Taufen, die Begräbnisse. Steif und befangen stellen sich die Bauern um den Sarg, steif und befangen schleifen sie den Hochzeitstanz. Ihre Trauer geben sie bei der Arbeit aus und ihre Lustigkeit ist eine Reaktion auf den Ernst, den die Arbeit ihnen auferlegt. Es gibt Originale unter ihnen, Witzbolde und Gewitzigte, Zynische und Geisterseher. Manche wissen von Amerika zu erzählen, andere sind nie über Bremen hinausgekommen. Die einen leben in einer gewissen Zufriedenheit und Stille, lesen die Bibel und halten auf Ordnung, viele sind unglücklich, haben Kinder verloren und ihre Weiber, aufgebraucht von Not und Anstrengung, sterben langsam dahin, vielleicht, daß da und dort einer aufwächst, den eine unbestimmte, tiefe, rufende Sehnsucht erfüllt – vielleicht, – aber die Arbeit ist stärker als sie alle.

Im Frühling, wenn das Torfmachen beginnt, erheben sie sich mit dem Hellwerden und bringen den ganzen Tag, von Nässe triefend, durch das Mimikry ihrer schwarzen, schlammigen Kleidung dem Moore angepaßt, in der Torfgrube zu, aus der sie die bleischwere Moorerde emporschaufeln. Im Sommer, während sie mit den Heu- und Getreideernten beschäftigt sind, trocknet der fertigbereitete Torf, den sie im Herbst auf Kähnen und Wagen in die Stadt führen. Stundenlang fahren sie dann. Oft schon um Mitternacht klirrt der schrille Wecker sie wach. Auf dem

Torfstich im Teufelsmoor. Über Jahrtausende hinweg bildete sich das Moor als unberührbare und unbegehbare Welt, in die der Mensch erst spät eindrang. Die sumpfige Moorwildnis verwandelte er in eine tote trockene Fläche, aus der er den wertvollen Torf als Brennstoff gewann. Entwässerungsgräben durchziehen als dunkle Rinnsale die zur Leblosigkeit verurteilte Wildnis.

schwarzen Wasser des Kanals wartet beladen das Boot und dann fahren sie ernst, wie mit Särgen, auf den Morgen und auf die Stadt zu, die beide nicht kommen wollen.
Und was wollen die Maler unter diesen Menschen? Darauf ist zu sagen, daß sie nicht unter ihnen leben, sondern ihnen gleichsam gegenüberstehen, wie sie den Bäumen gegenüberstehen, und allen den Dingen, die umflutet von der feuchten, tonigen Luft, wachsen und sich bewegen. Sie kommen von fernher. Sie drücken diese Menschen, die nicht ihresgleichen sind, in die Landschaft hinein; und das ist keine Gewaltsamkeit. Die Kraft eines Kindes reicht dafür aus, – und Runge schrieb: „Kinder müssen wir werden, wenn wir das Beste erreichen wollen." Sie wollen das Beste erreichen und sie sind Kinder geworden. Sie sehen alles in einem Atem, Menschen und Dinge. Wie die eigentümliche farbige Luft dieser hohen Himmel keinen Unterschied macht und alles, was in ihr aufsteht und ruht, mit derselben Güte umgibt, so üben sie eine gewisse naive Gerechtigkeit, indem sie, ohne nachzudenken, Menschen und Dinge, in stillem Nebeneinander, als Erscheinungen der Atmosphäre und als Träger von Farben, die sie leuchten macht, empfinden. Sie tun niemandem unrecht damit. Sie helfen diesen Leuten nicht, sie belehren sie nicht, sie bessern sich nicht damit. Sie tragen nichts in ihr Leben hinein, das nach wie vor ein Leben in Elend und Dunkel bleibt, aber sie holen aus der Tiefe dieses Lebens eine Wahrheit heraus, an der sie selbst wachsen, oder, um nicht zuviel zu sagen, eine Wahrscheinlichkeit, die man lieben kann. Maeterlinck, in seinem wundervollen Buche von den Bienen, sagt an einer Stelle: „Es gibt noch keine Wahrheit, aber es gibt überall drei gute Wahrscheinlichkeiten. Jeder wählt sich eine davon aus, oder besser, sie wählt ihn, und diese Wahl, die er trifft, oder die ihn trifft, geschieht oft ganz instinktiv. Er hält sich fortan an sie und sie bestimmt Form und Inhalt aller Dinge, die auf ihn eindringen." Und nun werden an einem Beispiel, an einer Gruppe Bauern, welche am Saum einer Ebene Getreideschober türmen, die drei Wahrscheinlichkeiten gezeigt. Es ergibt sich die kurzsichtige Wahrscheinlichkeit des Romantikers, der verschönt, indem er schaut, die unerbittliche grausame Wahrscheinlichkeit des Realisten und endlich die stille, tiefe, unerforschten Zusammenhängen vertrauende Wahrscheinlichkeit des Weisen, welche vielleicht der Wahrheit am nächsten kommt. Nicht weit von dieser Wahrscheinlichkeit liegt die naive Wahrscheinlichkeit des Künstlers. Indem er die Menschen zu den Dingen stellt, erhebt er sie; denn er ist der Freund, der Vertraute, der Dichter der Dinge. Die Menschen werden nicht besser oder edler dabei, aber, um nochmals Maeterlincks Worte zu gebrauchen: „Der Fortschritt ist nicht unbedingt erforderlich, damit das Schauspiel uns begeistert. Das Rätsel genügt..." Und in diesem Sinne scheint der Künstler noch über dem Weisen zu stehen. Wo dieser bestrebt ist Rätsel zu lösen, da hat der Künstler eine noch bei weitem größere Aufgabe oder, wenn man will, ein noch größeres Recht. Des Künstlers ist es, das Rätsel zu – lieben. Das ist alle Kunst: Liebe, die sich über Rätsel ergossen hat, – und das sind alle Kunstwerke: Rätsel, umgeben, geschmückt, überschüttet von Liebe.
Und da lagen nun vor den jungen Leuten, die gekommen waren, um sich zu finden, die vielen Rätsel dieses Landes. Die Birkenbäume, die Moorhütten, die Heideflächen, die Menschen, die Abende und die Tage, von denen nicht zwei einander gleich sind, und in denen auch nicht zwei Stunden sind, die man verwechseln könnte.

Über die Hepstedter Wiesen ist der Herbststurm gezogen. Pferde stehen regungslos und wie nach innen gekehrt auf den braun gewordenen Weiden. Bald werden Nebel daraus aufsteigen und die Welt um Worpswede in unwirkliche Schleier hüllen.

Die Landschaft der Maler. Kaum ein Dorf ist in vergleichbarer Weise durch die Kunst geprägt worden wie Worpswede. Als die ersten Maler vor einem Jahrhundert an diesen Ort kamen, da fanden sie hier in der Landschaft des Moores ein bereits unzeitgemäßes Idyll, von dessen Größe und Einfachheit noch ihre Bilder zeugen. Bis heute hat die Kunst ihren festen Platz in dieser Landschaft bewahrt.

Die Alleen der Birken markieren noch die alten sandigen Pfade, mit denen das Moor früh durchzogen wurde. Wenn der Frühling die dunkle Erde mit üppigem Grün überdeckt, erscheinen die Stämme der Birken wie weiße würdevolle Säulen.

Die sumpfige Wildnis der Moore bildet eines der letzten noch verbleibenden Biotope unseres Landschaftsraumes. Aber auch diese Naturreservate stehen vor dem Sterben. Sie sind letzte Zeugen für die vergangene Größe einer Landschaft, die wohl bald nur noch in Legenden leben wird.

Auf den trockengelegten Sümpfen hat sich eine üppige Vegetation entwikkeln können, deren Vielfalt und Farbreichtum der Sommer entfaltet. Das Moor beginnt zu blühen.

Zu Mauern aufgetürmt und in langen Reihen hintereinandergesetzt liegt der gestochene Torf zum Trocknen. Im Herbst zieht Nebel über die kargen braunen Torffelder und legt über die Weite eine natürliche Schwermut.

Wie das Moor vom Sterben bedroht ist die Zunft des Torfstechers. Der gewerbliche Torfabbau hat sich in Industriewerke verlagert, und nur vereinzelt noch halten Torfstecher ihr altes Handwerk lebendig. Die Schwere ihrer Arbeit und die Kargheit ihrer Existenz hat die Lebensform in dieser Landschaft über Jahrhunderte geprägt.

Durch die Weite der Moorlandschaft ziehen sich die Spuren ihrer Besiedlung und Verwertung. Entlang der Gräben, die das Land trocken halten, laufen die schmalen Gleise der Torfbahn, die den wertvollen Boden zu den Verladestellen transportiert. Immer tiefer dringen die Wunden der Technik in das unersetzliche Land ein.

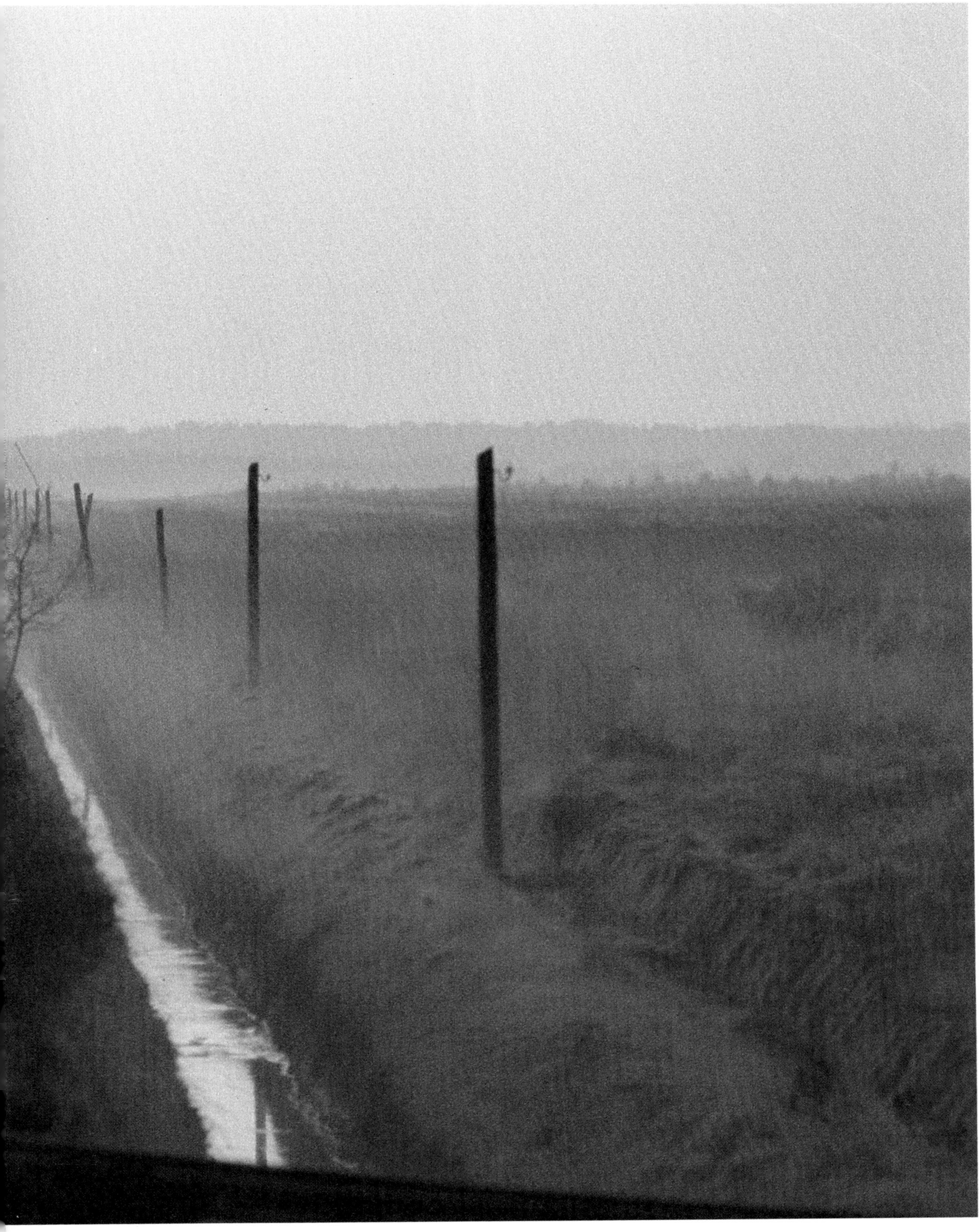

Dämmerung legt sich wie ein blauer Schleier über die Moorweiden. Tiefer und geheimnisvoller erscheint zu dieser Stunde das Land, das sich vor dem dunstigen Horizont ausbreitet. Zeichenhaft erheben sich Baumgruppen aus der dämmernden Weite.

Seit Jahrtausenden wird die meernahe Landschaft Worpswedes von Überschwemmungen gezeichnet. Noch heute tritt mit beginnender Schneeschmelze die Hamme weit über ihre Ufer und überzieht ihre Niederung mit einer endlos erscheinenden Wasserfläche, in der sich der Himmel dieser grauen Jahreszeit spiegelt.

Wechselvoll ist das Schauspiel, in welchem Erde und Himmel einander gegenüberstehen. In die Dämmerung hinein brechen die letzten Strahlen der Sonne, durchwirken den Himmel mit farbigem Glanz und verwandeln die Landschaft in eine konturenreiche lebendige Fläche.

Wie aus ewig gleichen Elementen immer wieder neu zusammengesetzt erscheint dieser Naturraum als einzigartige Einheit aus Monotonie und Vielfalt. Die zeitentrückte Ruhe der Landschaft und die Bewegtheit des Himmels haben dieser Region ihren Charakter gegeben.

Fritz Overbeck, Worpsweder Himmel

Worpswede ist ein sehr bescheidenes Örtchen, zwischen Bremen und Hamburg gelegen, in einer Gegend, deren landschaftliche Reize Baedeker, soviel mir bekannt ist, mit keinem Worte Erwähnung tut. Und er tut recht daran, denn es gibt dort weder Berge von soundso viel tausend Metern Erhebung, deren Gipfel den Genuß eines „Panoramas“ bieten... noch all die anderen Requisiten, deren es bedarf, um einer Gegend das Epitheton „schön“ (das in solcher Verbindung neuerdings etwas in Mißkredit zu geraten anfängt) einzutragen...
Ein Hauch leiser Schwermut liegt ausgebreitet über der Landschaft. Ernst und schweigend umgeben weite Moore und sumpfige Wiesenpläne das Dorf, das, als suche es einen Zufluchtsort gegen unbekannte Schrecknisse, sich an dem steilen Hange einer alten Düne, dem Weyerberge, zusammengedrängt. Wirr und regellos durcheinander zerstreut liegen Häuser und Hütten, beschirmt von schwer lastenden, moosüberkleideten Strohdächern und knorrigen Eichen, an deren weitausladenden Wipfeln sich machtlos die Stürme brechen. Über dem Dorfe wölbt sich der „Berg“, zerklüftet von zahlreichen Rinnsalen, die das abfließende Regenwasser sich ausgewaschen, gekrönt mit einem verkümmerten Eichenbuschwald. In dessen Mitte erhebt sich auf freiem, mit alten Föhren umgebenen Platz ein Obelisk, zum Gedächtnisse Findorfs, des Mannes, der im Anfange dieses Jahrhunderts die Gegend urbar gemacht, das Moor entwässert und dem Verkehr erschlossen hat. Aus wuchtigen Granitquadern kunstlos aufgeschichtet, ragt das Monument in seltsamer Feierlichkeit gen Himmel. Von der einsamen Höhe schweift weithin der Blick ins Land hinaus, über Moor und Heide, Felder und Wiesen. Dunkle Eichenkämme, die in ihrem Schatten spärliche Gehöfte der Bauern bergen, unterbrechen hin und wieder die Monotonie der großen Ebene. Wasserläufe blitzen auf und der Spiegel der schlangengleich gewundenen Hamme, darauf in stiller, geheimnisvoller Fahrt schwarze Segel durchs Land ziehen. Darüber spannt sich der Himmel aus, der Worpsweder Himmel, den zu schildern die Feder verzweifeln muß, denn ein allzu armseliger Behelf würden meine Worte sein, um höchste Schönheit würdig auszudrücken. Was hülfen uns unsere Strohhütten, Birkenwege und Moorkanäle, wenn wir diesen Himmel nicht hätten, welcher alles, selbst das Unbedeutendste adelt, ihm seinen unsagbar koloristischen Reiz verleiht, der Worpswede schließlich erst zu dem macht, was es ist. Am gestrigen Abend ward ich dessen wieder einmal inne. Ich stand im Hofe meiner Wohnung, um mich her waren Ziegelsteine aufgeschichtet, rechts vor mir befand sich ein Zaun aus frisch geschnittenen tannenen Brettern, daneben eine Grube, darin Kalk gelöscht war, am Himmel aber stand in leuchtend blauem Äther, feierlich in erhabener Pracht, eine einzige ungeheure Wolke aufgebaut. Ein Wolkengebirge, dessen Gipfel silbern funkelten, dessen Abhänge strahlten, wie mit flüssigem Golde übergossen...

Wenn die Tage kürzer und kühler werden und die Besucher Worpswede verlassen haben, findet dieser Ort zu sich selbst zurück. In die stille Einsamkeit eines Herbstnachmittages tritt eine längst vergangene Zeit und verwandelt die Welt einen Augenblick lang in ein lyrisches Gedicht.

Es bedurfte nicht erst der Malerei, um den Reiz dieser Landschaft zu entdecken, in der der Mensch sich häuslich eingerichtet hat. Seine Architektur ist Teil dieser Landschaft geworden und Zeichen für den noch nicht verlorenen Einklang des Lebens mit der umgebenden Natur.

Sophie Dorothee Gallwitz,
Moor und Heidewildnis

Wenn man von Süden her durch die nordwestdeutsche Tiefebene dem Norden entgegenfährt, kommt bald der Augenblick, wo sich das Schauen in Ermüdung von draußen zurückzieht, weil jede Überraschung und Spannung der Landschaft aufhört.
Der Zug geht wie über eine Tischplatte, vor den Fenstern sind, weit hinten, klare, stramme Horizontlinien gespannt; keine Hügelgruppe baut sich auf, die wir vorwärts Gerissenen zu besiegen hätten, um zu erreichen, was dahinter ist, keine Bewegungsdynamik bringt das Gelände zum Schwingen.
Bremen wird sichtbar, aufgestellt an den vorderen Tischrand; seine Türme und Dächer stehen wie mit der Schere ausgeschnitten gegen die Luft; auch hier nichts von Hebungen und Senkungen, die Gliederungen und Akzente des Kubischen bringen könnten. Das ist die plane Ebene in ihrer nüchternen Peripherie.
Kommt man nordwärts über Bremen hinaus, so tritt etwas Neues hinzu. Wohl dehnt sich die Fläche vor dem Blick noch hüllenlos bis dahin wo die Himmelsglocke ringsum aufstößt, aber es webt etwas Geheimes darüber.
Mit den Lüften ziehen wir über die gestraffte grüne Ebene in immer lichtere Fernen. Manchmal kommt ein Windhauch, Starkes und Lindes ist in ihm; und plötzlich Aufschwung: das Meer! Irgendwo vor uns muß es sein; wir fahren ihm über Felder und Wiesen entgegen wie über einen Strand.
Noch liegt es fern; aber das Land ringsum weiß viel von ihm zu erzählen, es atmet gleichsam noch mit ihm.
Einmal geschah es, da trat das Meer zurück, und wo es geflutet hatte, wollte festes Erdreich sich bilden; aber es wurde nur erst eine zähe Masse und in ihr ein haltloses Werden und Wachsen merkwürdiger Pflanzengebilde, die im Entstehen schon wieder vermoderten. Denn das Meer kam wieder, schickte immer noch einmal und noch einmal vordringende Wellenmengen in das verlassene Gebiet, ehe es in einem letzten Verzicht sich zurückzog. Seine Stimme verhallte ferner und ferner, dann war auch sie eines Tages verstummt, und nichts war da unter dem hell gewölbten Himmel als die endlos mißfarbene Schlammfläche, in der es wallte und schwankte, als könnte das entwurzelte Element die Wellen des Meeres nicht vergessen.
In jahrhundertlangen Einsamkeiten, in immer wieder werdendem und vergehendem organischen Leben geschah die Umwandlung dieses Schlammeeres zum Moor. Noch immer kein Erdreich, das ein Festes zu tragen vermochte, aber zäh und widerwillig wuchs an einigen Stellen die Oberfläche zusammen und wurde hart, und dann an anderen Stellen. Der Mensch kam in die Gebiete, griff in ihre Entwicklung ein und machte sie seiner Arbeit untertan. Die Periode der Meeresherrschaft jedoch blieb über alle Zeiten hinüber in dem Gelände merkbar und die Dünen, die das Wasser einmal in seinen wilden Spielen aufgeworfen hatte, gaben ihm seinen bestimmten Charakter.
Die Siedelung, die um eine besonders schön und breit gedehnte hohe Düne sich in weitem Kreise lagerte, wurde das Dorf Worpswede; die Düne bekam den Namen Weyerberg. Durch harte Arbeit der Hände, die es ergriffen hatten, wurde das Land nutzbar gemacht. Zuerst war es der ausgetrocknete Schlamm, das Moor selbst, aus dem die Bauern ihren Lebensunterhalt zogen; häusertief konnten die Eisen hineinfahren in die trocken zähe Masse, mauerhoch schichteten sie die ausgehobenen Torfstücke in die Höhe. Aus dem eisernen Ringen

dieser ersten Siedler wuchs der Stamm der Worpsweder Bauern empor und mit ihm Getreidefelder, Wiesenpläne, Kiefernforstungen. Moor und Heidewildnis sind durch arbeitende Menschenhand um ein paar Linien weiter vom Dorf zurückgedrängt, aber immer noch sind sie es, deren wundervolle zarte Herbheit den Temperamentsausdruck dieser Landschaft bestimmt. – Das ist die einfache große Lebenskurve des Dorfes Worpswede...

Und dann aber ist da noch das eigentliche Farbenwunder Worpswedes; es ist in jeder Jahreszeit lebendig und an jedem Abend, der nicht ganz in Wolken eingehüllt ist, neu. Wenn die Bahn der Sonne sich hinter den Horizont gesenkt hat, zieht ein Schattengrau über die Landschaft, wie sich Todesschatten über ein eben noch lebendes Gesicht legen; es bereitet die Auferstehung des Lichtes vor. Sie hat keinen bestimmten Ausgangspunkt. Es ist, als ob der unendliche Himmelsraum aus sich selbst heraus dieses Leuchten gebären müßte, das in unerhörten Lichtekstasen die Erde ergreift; jedes Ding wird von ihm in einen Tanz von Schein und Farbe hineingezogen, in ein immer brünstigeres Vibrato, eine immer leidenschaftlichere Steigerung. Dann kühlere Töne im Äther und langsames Verlöschen. Aber die Dinge, das Land, seine Häuser, Bäume, Menschen, leuchten von innen heraus noch eine lange Weile fort, als könnten sie ihrer Lichterregung nicht Herr werden...

Worpswede, das ist heute wie früher ein wundervoll unmittelbares Stück Natur, mit dem man jederzeit allein sein kann, ihre Offenbarung empfangend wie Theodor Storm sie empfangen hat: „Kein Hauch der aufgeregten Zeit drang noch in diese Einsamkeit“. Worpswede ist: lange Wege, die durch die Landschaft gehen, begleitet von einem träumenden Kanal, von in Kraft schimmernden Birken; tief zurücktretend hinter ihnen die im Schatten ihrer alten Eichen verschwiegen blickenden Häuser.

Worpswede sind die großen ahnenreichen alten Bauernhöfe, denen grüne Moospelze über die mächtigen braunen Strohdächer gewachsen sind, und die buckligen Hütten, die immer von einem Hauch blauen Torfrauches umschwebt sind. Und die Kirche ist es. Sie liegt breit und mütterlich wie eine Henne auf dem Weyerberg, umdrängt rings von Grabkreuzen. Ihre Fenster sind weitgeöffneten Augen gleich. Fern, bis beinahe zum Rande der Ebene muß sie blicken, wenn sie die zu ihr Gehörenden überschauen will, und den dünnen hellen Ton ihrer Glocke muß sie weit durch die Luft zu ihnen schicken. An jedem Sonn- und Festtag gehen die Leute zu ihr, die vom Dorf und die aus Moor und Heide; ziehen wie schwarze, unregelmäßige Ketten über die grünen Flächen zu ihren Füßen, bringen Blumen zu ihren Gräbern, stehen in stummen Gruppen beisammen und drängen sich, wenn das erste Anschlagen ihrer Glocke tönt, in die Türen. Fest und breit wie ihre Häuser stehen diese Menschen mit allen ihren Lebensäußerungen in der Landschaft; Abbilder eines Beharrens, das hier Verwurzeltsein mit dem mütterlichen Boden ist.

Worpswede ist Ringen des Bauern mit der Scholle und ist geistiges Ringen des Künstlers; ist niedersächsisches Bauerntum mit alten, ehrwürdigen Bräuchen, mit Schranken und Engen, und ist Invasion der Großstadt in Spielarten jeder aufgeregten Zeitäußerung. Alles zusammen Geschlossenheit, Organismus. Dessen eigentlicher Grundzug ist auch heute: Arbeit. Sie ist es, die Leben und Landschaftsbild beherrscht; nicht der genießerische Müßiggang der Fremden, die ab und zu gehen.

Wie mit einem grobmaschigen Netz wird die Moorlandschaft von Gräben durchzogen, die das Land zur Bewirtschaftung trocken halten. Der karge Moorboden aber ist wenig ertragreich und wird hauptsächlich als Weideland genutzt. Im Frühjahr gehört die Reinigung der Entwässerungsgräben zu den Pflichten der noch verbliebenen Moorbauern.

Alt ist das Gesicht dieser Landschaft, verschlossen das Gesicht seiner Bewohner. Das bäuerliche Leben ist traditionsreich geblieben, in der Zurückgezogenheit werden noch alte Bräuche gepflegt und gegen überfremdende städtische Lebensformen verteidigt.

Paula Modersohn-Becker,
Es ist ein Wunderland

Worpswede, Worpswede, Du liegst mir immer im Sinn. Das war Stimmung bis in die kleinste Fingerspitze. Deine mächtigen großartigen Kiefern! Meine Männer nenne ich sie, breit, knorrig und wuchtig und groß, und doch mit den feinen, feinen Fühlfäden und Nerven drin. So denke ich mir eine Idealkünstlergestalt. Und Deine Birken, die zarten, schlanken Jungfrauen, die das Auge erfreuen. Mit jener schlappen, träumerischen Grazie, als ob ihnen das Leben noch nicht aufgegangen sei. Sie sind so einschmeichelnd, man muß sich ihnen hingeben, man kann nicht widerstehen. Einige sind auch schon ganz männlich kühn, mit starkem, geradem Stamm. Das sind meine „modernen Frauen"... Und ihr Weiden, ihr alten knorrigen Stämme, mit den silbrigen Blättern. Ihr rauscht so geheimnisvoll und erzählt von vergangener Zeit. Ihr seid meine alten Männer mit den silbrigen Bärten; ja ich habe Gesellschaft genug, meine ganz eigene Gesellschaft, wir verstehen uns gegenseitig sehr gut und nicken uns oft liebe Antwort zu. Leben! Leben! Leben!...

Ich komme jetzt, glaube ich, in die rechte Worpsweder Stimmung.

Die Versunkene-Glocke-Stimmung, die mich zuerst beherrschte, war süß, sehr süß; aber es war nur ein Traum, der sich tätig auf die Dauer nicht festhalten ließ. Dann kam die Reaktion und danach das Wahre: Ernstes Streben und Leben für die Kunst, ein Ringen und Kämpfen mit allen Kräften.

Mein ganzes Wesen ist wie durchsonnt, durchwebt, berauscht, trunken vom Mondschein auf lichtem Schnee. Schwer lagerte er auf allen Ästen und Zweigen. Tiefe Stille war um mich her. In die hinein fiel herab der Schnee von den Bäumen, ein leises Knistern, und wieder Frieden. Dies unbeschreiblich süße Gewebe von Mondschein und zartschneeigem Äther, das mich umgab. Die Natur sprach mit mir, und ich lauschte ihr zitternd selig. Leben. –

Mein Aktmodell, mein Rubens-Weib hatte abgesagt. Da machte ich einen Spaziergang in der Dämmerung, hinaus zu den überschwemmten Wiesen. Da zog es mächtig durch meine Seele, und die Macht der Dämmerstunde lag auf mir, erdrückend, atemberaubend. Ich fühlte mich so gottgesegnet. Ist es nicht ein Geschenk, diese Herrlichkeit alle so empfinden zu können? Und ich lechzte nach mehr, mehr, unermüdlich will ich danach streben mit allen meinen Kräften. Auf daß ich einst etwas schaffe, in dem meine ganze Seele liegt. Es wird nichts Großes, aber etwas Anmutiges, Jungfräuliches, Herbes und doch Verlangendes. Wann? In zwei Jahren. Gott lasse es dahin kommen. Gott, sage ich und meine den Geist, der die Natur durchströmt, dessen auch ich ein winzig Teilchen bin, den ich im großen Sturm fühle. Da war es wie ein gewaltig Atmen...

In diesem Klima scheint der Malkater zu gedeihen und sich üppig zu entfalten. So einsichtsvoll ist er aber doch, daß er neben sich noch feine, ganz eigene Stimmungen aufkommen läßt, die mir das Leben reich und schwerhaltig machen: einen Sonnenuntergang mit Glockengeläute, einen Besuch bei einem alten Weiblein mit einem Fuß schon in der anderen Welt, die Gedanken noch einmal licht aufflackernd vor der großen Katastrophe. So erzählte sie in den schönen, kräftigen Worten des Volkes von Geburt, Heirat und Tod. Wenn diese Leute mal Gedanken haben, so lauscht man ihnen wie gebannt, meist reden sie aber nur Formel, nur leere Worte, um überhaupt zu reden. Das ist furchtbar

und läßt die Gattung einem so niedrig erscheinen.
Jetzt ist die Zeit der Spinnstuben. Jetzt wandern die alten Weiblein von Haus zu Haus mit ihrem Spinnrad. Die Männer verarbeiten dann die Wolle zu den Strümpfen. Sogar mein Garwes strickt in seinen freien Stunden. Am liebsten gehe ich zum alten Renken „achter de Dannen", (die Kiefern sind). Der bindet seine Besen, macht manchen lustigen Schnack, wiegt sein Enkelkind auf dem Schoß, dem er unermüdlich ooaa, ooaa auf zwei Tönen vorsingt. Sagt die junge Mutter dann mit einem Schelmenblick: Dat Lied kennt se nun all, so erfindet er flugs was Neues und singt nun aaoo, aaoo. Die Menschen haben sich untereinander so innig lieb, hier eine Seltenheit, und lassen Welt Welt sein, was für sie soviel heißt wie Worpswede, Worpswede.
Nachmittags hole ich mir jetzt die alte Adelheid Böttcher, „die alte Olheit" als Modell. Es herrscht Rivalität unter den alten Weiblein wegen des Modellgeldes. „De grote Lies hett ehre gode Mötz upsetzt un denkt, nu holt Se se.
De vertellt mi immer so witlüftig Tüch, von Jungens un Deerns un wo dat was un wo dat würd. Ich hör gor nich to, segg nur von Tid to Tid „jo" un heff min Gedanken up en anner Ziel." So redet das Weiblein in mich hinein. Es ist immer noch viel Leben in ihm, ein heißes Für und Wider, dabei schon ein wenig kindisch. Hat sie was ausgefressen, so sagt sie zur jungen Frau: „Moder, vergiff mi, ick hev unrecht." Das rührt mich.
Die alte Olheit erzählte mir heute den Roman ihres Lebens. „Se harr in Bremen deent, Besselsstraten. Denn har se sick verheirot. Irgendwo mutt se jo doch bliwen. Is jo och god gangen, nur, dat hei nu dot is." Nachmittags meine Alte: „Ick segg to de grote Lies, ick will mich man ehrlich hollen, dat ick redlich ins Begräffnis kumm wie mien Mann. Darum bitt ick unsern Herrgod alle Dog, dat hei mich nich horen und nich stehlen läßt. Dor kannst do nix an maken, wenn hei dat will." Ich mußte innerlich über diese Unschuld kopfschüttelnd lächeln. Halb verdorrt, halb blind, fast ganz im Grabe und den lieben Gott bitten, daß er einen nicht huren läßt...
Worpswede, Worpswede, Worpswede! Versunkene-Glocke-Stimmung! Birken, Birken, Kiefern und alte Weiden. Schönes braunes Moor, köstliches Braun! Die Kanäle mit den schwarzen Spiegelungen, asphaltschwarz. Die Hamme mit ihren dunklen Segeln. Es ist ein Wunderland, ein Götterland. Ich habe Mitleid mit diesem schönen Stück Erde, seine Bewohner wissen nicht, wie schön es ist. Man sagt es ihnen, sie verstehen es nicht. Und doch braucht man kein Mitleid zu haben, nein, ich habe keins. Nein, Paula Becker, habe es lieber mit dir, daß du nicht da lebst. Und das auch nicht, du lebst ja überhaupt, du Glückliche, lebst intensiv, das heißt: du malst. Ja, wenn das Malen nicht wäre?!

Die Zeit steht still, wenn es Winter ist. Verschneit liegt das Moor im fahlen Licht des Wintertages. Etwas bewegt sich. Dann kehrt die Ruhe zurück.

Ernst und schweigend, wie Sinnbilder des Lebens, stehen die Birken in windstiller Landschaft. Ihre weißen Stämme erscheinen schwarz über dem Schnee.

Richard Muther, O dieses Moos!

Eine Fahrt nach Worpswede ist eine Staroperation: als schwinde plötzlich ein grauer Schleier, der sich zwischen die Dinge und uns gebreitet. Gleich wenn man der Zweigbahn entstiegen ist, die von Bremen nach Lilienthal führt, beginnt ein seltsames Flimmern und Leuchten. Haben diese Bauern einen Farbendämon im Leib? Oder ist's nur die Luft, die weiche, feuchtigkeitsdurchsättigte Luft, die alles so farbig macht, so tonig und strahlend? Ich blicke auf die baumwollenen Handschuhe, auf das tiefrote Brusttuch eines Bauernpaares, das ganz fern auf der Landstraße daherkommt – sie leuchten und strahlen wie von innerem Feuer durchglüht. Da steht ein Arbeiter in hellgrauem Kittel neben einem perlgrauen Birkenstamm. Dort hängt an einer Leine ein roter Unterrock, und er sprüht Farbe wie Purpur. Dort ist eine Bauernhütte, blutig rot gestrichen, ähnlich denen, die es in Norwegen gibt. Doch während dort in der dünnen durchsichtigen Luft alles klar sich abzeichnet, wird es in Worpswede zur Tonsymphonie: Diese rote Mauer mit dem saftigen Efeu, dieses hohe, fast bis zum Boden reichende Strohdach, worüber feuchtgrünes Moos sich wie ein Teppich breitet. O dieses Moos in Worpswede! Alle Dinge überspinnt es: nicht nur die Stämme der Bäume, auch das Gebälk der Häuser, die Ziegeln der Backöfen und das Holz der Zäune.
Da schillert es citronengelb, dort grüngelb, dort bläulichgrün, die ganze Natur in eine Farbenvision verwandelnd...

Walter Hundt, Die große Natur

Wir hatten den Krieg hinter uns und wollten loskommen von ihm. Unsere Brüder und Freunde hatten wir verloren und suchten nun neue Freundschaften, neue Vertrautheit. Worpswede ist ein Land der Freundschaft, des Zueinander. Da war die große Natur, welche die Menschen aufschloß, da war die Einsamkeit in den weiten Feldern des Moors, da war die Stille. Als der Sommer kam, gingen wir abends oft zur Hamme nach Neu-Helgoland, stiegen dort in die Torfkähne und fuhren in den Abend hinein, stromab zu den Hamme-Hütten, wo die Torffahrer hielten und des Nachts blieben.
Jeder Hauch, der über die Hamme glitt, das leise Rauschen des Schilfs und die Weite – die Weite, die hohen Wolken, die Bläue des Himmels und das Pfirsichblüt des Horizonts – das waren Erlebnisse, mit denen gleichsam der Hinauswurf durch den Krieg aus dem Paradies der Jugend rückgängig gemacht wurde. Fern stand das Schattenbild Bremens; nirgendwo, nach Norden zu, ein Baum einsam in den Wiesen; lustig wie schwarz-weiße Fähnchen waren die Rinder auf den Weiden anzusehen. Leicht kratzten die Stakruder am Schiff, und murmelnd schlugen Wellen an. Seerosen leuchteten auf im steigenden Mond, überall zauberte sich Licht in die Dunkelheit der Landschaft, Irrlichter tanzten vereinzelt. Die Gestalten der Mädchen in den Kähnen, die Silhouette des aufrecht stehenden Stakers sind unvergeßlich. Diese Welt gehörte uns. Es war das Zwischenspiel einer Zeit nach dem Gewitter, wo alles aufatmet, leuchtet, lebt, auch die Schatten von Licht gleißen...

Manfred Hausmann,
Geheimnis einer Landschaft

In dem Worpsweder Bereich, wo das Licht selbst mit seinen flimmernden, wehenden und durcheinanderspielenden Erscheinungen die Landschaft bildet, bleibt sich nichts auch nur einen Augenblick gleich. Es braucht nur ein Schleierwölkchen vor die Sonne zu ziehen, die Luft braucht sich nur ein wenig zu trüben oder zu erhellen, der Feuchtigkeitsgehalt braucht nur ein wenig zu wachsen oder abzunehmen, gleich ändert sich auch das Licht und mit dem Licht auch die Farben, die in der Weite des Äthers und auf allen Dingen schimmern, und mit den Farben auch die ganze Welt. Ob es an den Dünsten liegt, die das Moor ausatmet, oder an der Nähe der See, an bestimmten Windströmungen oder an einem besonderen Zustand der Atmosphäre, das Licht verhält sich nun einmal in dieser Weise. Und so läßt es die Welt, indem es ihr die Beständigkeit und Wirklichkeit nimmt, einen schwebenden Traum werden. Genügt in der Regel schon die geringfügigste Veränderung in der Luft, um alles umzustimmen, so ereignet sich an Tagen, die nicht geringfügige, sondern kräftige Einbrüche mit sich bringen, geradezu ein Tumult von wilden Weltuntergängen und neuen, noch wilderen Schöpfungen. Wer einen solchen Spätherbsttag, wenn der Sturm, der von der See herüberbraust, schwere Wolkenmassen über die Klarheit der Landschaft jagt, wenn das Licht da und dort in grausilbrigen Bahnen aus den Wolkenrissen niedergleißt und in Flecken von unwirklicher Helligkeit schnell über die Moore und Wälder wandert, wenn hin und wieder in der Ferne trübe, sich biegende und schwerelos zu einer Spirale sich verdrehende Regensäulen herabwehen, in denen sich plötzlich ein hellblaues Geleucht entzündet, wer einen solchen bewegten Herbsttag nicht mit eigenen Augen gesehen hat, kann sich kaum eine Vorstellung von den brausenden Wundern des Lichtes machen, die tagelang statthaben, bis die Störung vorübergezogen ist und die Gegensätze sich dämpfen. Dann beginnt wieder die Zeit der leisen Abschattierungen und des perlmuttfarbenen Flimmerns.

Im Winter hängt über der vereisten Landschaft ein Licht, das noch wundervoller erglühen kann als das sommerliche. Es soll nicht weiter von dem Geflirre die Rede sein, das dann die Luft durchzittert, wenn an sonnigen Tagen ihre Feuchtigkeit in winzigen Kristallen ausfriert, auch nicht von den Nebelschwaden, die totenstill über Baum und Strauch dampfen, auch nicht von den opalen Tönen des Frostrauchs am Horizont, es soll genügen, einmal des gleichmäßigen Wolkengraus zu gedenken, das anderswo, wenn es länger anhält, nur niederdrückend wirkt, während es bei uns wieder und wieder die Welt so unirdisch und unglaubhaft erscheinen läßt, daß jedermann bei seiner Beschäftigung anhält und betroffen aus dem Fenster starrt. Es geschieht meist beim ersten Einfallen der Abenddämmerung.

Unversehens verwandelt sich das gräuliche Licht unter dem Gewölk in ein blühendes Lila oder Gelb oder Rosa oder Violett, das ganze Licht, der ganze Lichtraum, in dem die Häuser und Gärten, die Föhren und Birken, die Menschen und Tiere stehen. Man fragt sich, woher es denn kommen mag, und weiß sich's nicht zu erklären. Wahrscheinlich brennt oben über den Wolken eine dieser großartigen Abendröten, deren Schein nun, vielfach gefiltert, durch die Dunstschicht sinkt und den Raum zwischen Wolken und Erde zauberisch erglimmen läßt.

Winterdämmerung an der Hamme. Durch eisige Luft bewegt sich der glutrote Körper der sinkenden Sonne, hüllt die Winterlandschaft in ein Licht, „das noch wundervoller erglühen kann als das sommerliche“ (Manfred Hausmann). Noch einmal entfaltet das Moor seine geheimnisvolle Schönheit, bevor es in Dunkelheit versinkt.

Quellen, Impressum
Bernd Küster, Poesie einer Landschaft
Originalbeitrag

Seite 12, 13, 16
Rainer Maria Rilke,
Und überall ist das Meer
Aus: Werke in 3 Bänden. Bd. 3, Copyright © Insel Verlag, Frankfurt am Main 1961

Seite 33
Fritz Overbeck, Worpsweder Himmel
Aus: Ein Brief aus Worpswede, in:
Die Kunst für Alle, XI, 1895/96, S. 20 f.

Seite 36, 37
Sophie Dorothee Gallwitz,
Moor und Heidewildnis
Aus: Worpswede und das Teufelsmoor, Copyright © Angelsachsen Verlag, Bremen 1922

Seite 40/41
Paula Modersohn-Becker,
Es ist ein Wunderland
Aus: Briefe und Tagebuchblätter

Seite 44
Richard Muther, O dieses Moos!

Seite 44
Walter Hundt, Die große Natur
Aus: Walter Hundt, Bei Heinrich Vogeler in Worpswede,
Copyright © Worpsweder Verlag 1981

Seite 45
Manfred Hausmann,
Geheimnis einer Landschaft
Aus: Geheimnis einer Landschaft, mit freundlicher Genehmigung des Autors

CIP-Kurztitelaufnahme der Deutschen Bibliothek
Dornhege, Hermann:
Worpswede und das Teufelsmoor / fotogr. von Hermann Dornhege u. Michael Rabanus. - 3. Aufl. - Hamburg: Ellert und Richter, 1985.
ISBN 3-922294-22-7

NE: Rabanus, Michael:

Fotos: Hermann Dornhege, Dortmund
Michael Rabanus, Bochum
Bildunterschriften: Bernd Küster, Worpswede
Gestaltung: Hartmut Brückner, Bremen
Satz: Peter Appelt,
Grafik-Design & Fotosatz, Hamburg
Lithografie: Krammer Repro, Linz
Druck: Offsetdruckerei Stiller, Remseck
Bindearbeiten: Buchbinderei Klemme, Bielefeld